AF607133
AVERSO

LAS ARMAS Y LAS MANOS

Ernesto Delgado

Número 51 de la Colección **PERVERSA**

Las armas y las manos

Edición al cuidado de Averso Poesía
www.aversopoesia.com

hola@aversopoesia.com

Primera edición: junio de 2025
ISBN: 979-13-990436-5-5
Depósito Legal: GR 886-2025

Impreso en España - *Printed in Spain*

El papel utilizado para la impresión de este libro está calificado como papel ecológico y procede de bosques gestionados de manera sostenible.

LAS ARMAS Y LAS MANOS

Ernesto Delgado

Premio Internacional de Poesía de Montejícar 2025

A Maylis, por ella y desde ella.

A los que van a mi lado, porque ellos son mi espada.

A José Antonio Hernández León, ahora
que me faltan sus manos.

Las pesadas tizonas, las férreas clavas,
son las armas forjadas para tus manos.
Rubén Darío

Dos especies de manos se enfrentan en la vida.
Miguel Hernández

Las manos del poema
reconquistan la antigua reciedumbre
de tocar a las cosas con las cosas.
Roberto Juarroz

LAS ARMAS Y LAS MANOS

Los principios tienen forma de katana.
Uno los lleva como un viejo samurái:
pule su arma, le hace un altar
y va por entre las calles y los graneros
enfrentándolo todo. Enseñas a tus hijos
para reverenciarla y blandirla. Envejeces
inclinándote cada mañana ante su filo.
La empuñas y le haces cortes perfectos
a tu vida hasta podarla. Un día te invaden
los hijos de tus hijos y entonces tu katana
no es más que un anticuado adorno
que ya solo sirve para jugar.

LOS HÉROES

Los verdaderos héroes nunca fueron a la guerra.
Soportaron el hacha del desprecio
que abre en dos el nombre de cualquiera
pero no soportaron el frío por unos reyes y ministros.
No les creció gangrena en la fe,
no tuvieron que volver sin rodillas,
ni podrirse lejos de sus padres,
ni quedarse con la novia embalsamada en el retrato.
Iban con una navaja abriendo los pensamientos
como sacos de entumecida harina,
descosiendo bocas y muslos confiscados por la religión.
Con el hacha flotando encima de sus cabezas
trataron de preservar en tinajas las costumbres
y la torpeza de vivir entre los otros.
Con el hacha encima, apuntándoles
y quemándose vivos en los ojos de los ancianos
soportaron ese martirio para mostrarnos
que la estupidez no es hereditaria
y que la paz no es un hacha flotando sobre las cabezas.
No hay honor en cazar por orden de un hombre
 a muchos hombres.
No hay heroísmo en un traje que es más bien una venda.

Héroes los que se negaron a ser héroes,
a regresar con los que mataron conviviendo
    en el mismo cuerpo.
Héroes los que se negaron a envejecer
mutilados y otra vez mutilados, mirando las medallas
que solo sirven para pagar esa bebida cancerígena,
adictiva y maloliente que es la historia.

EL SOLDADO

Como una pertenencia más, el soldado que parte
a la guerra debe dejar el rostro.
Los soldados no tienen rostro, por eso son iguales
para la muerte.
Mira las noticias y solo verás uniformes tras uniformes,
gorras y botas
y manos alineadas, pero ninguno tiene un rostro.
Acaso todos tienen el mismo.
Es el rostro de la guerra lo que llevan puesto como
una máscara antigás
para que el olor de la humanidad no los asfixie.
En el retrato de la madre o la novia más que recordarlas
lo que intentan es reconocerse
porque de tanta pólvora los ojos se le vuelven pólvora,
la memoria pólvora, el pasado un polvorín en el azar
de los bombardeos.
El rostro de la guerra nunca fue hermoso, pero su
sensualidad atrae a los hombres
como a bestias. Ella los llama con sus gritos, ella se acuesta
con sus amigos,
se queda con tu brazo o tus piernas, te aruña la espalda
con sus uñas de perdigones.
Te escribe su número con una bala en la carne.
Como una pertenencia más el soldado deja su rostro antes

de partir a la guerra.
Solo tiene una chapa en su cuello con un número.
Es el número que lo vuelve un papel de lotería.
Encerrado en una ruleta llamada país,
el soldado gira y gira de una trinchera a la otra.

En cualquier instante,
la muerte mete su mano torpe dentro de la ruleta
y saca el número ganador.

LA DEMENCIA

A Joel Herrera Acosta

Di qué eres, patria.
Si solo esta agua que intento definir y se me seca en los dedos.
Estos rostros que me sé, esta maleza de héroes,
este caer como una guillotina
separando en dos la fiebre y la violencia.
Di qué eres, patria.
Ahora que me convocan a matar en nombre de tus ruidos.
Ahora que me ordenan ser cieno y ser guijarro.
Ahora que las orillas se disputan tu abrevar
como dos huérfanos el único juguete.
Ahora que debo mutilarte,
que debo escudar a quien solo me dio espadas.
Ahora que tiran de tu nombre cientos de caballos.
Solo ahora, solo en esta vigilia, en este temblor
que es el temblor de los míos.
Di qué eres, patria:
si te estoy mirando fijamente,
y un rostro deforme es lo que veo.

POLVO

Tú estás llena de murallas.

Yo soy un mirmidón que combate contra tus años.
Yo soy Ajax que vuelve sin derribarte.
Yo soy Agamenón, solo ansío tus piedras.
Yo soy Menelao: me pertenecías desde siempre
y saliste como mujer y te encontré siendo ciudad.

Tu boca, una playa tomada.
La mía, un caballo de madera:
dentro van mi furia y mis dioses.
Entre este tú y este yo solo hay espadas y cobardes.
No transcurrimos, nos cantamos
hasta crepitar y dispersarnos como en una ciudad saqueada.
Son cenizas los que sobreviven,
tizones aún ardientes
propagando una melodía sin rostro ni edades.

Tú que miras hacia la muerte como Helena a las aguas,
reza por aquellos que nunca arderán,
aquellos sin espadas, sin sonidos
para los que somos un insulto y un escándalo.

No importa cuánto esplendas,
ni las sombras que vuelven mansas
deseando que tú las nombres:
los que nunca atravesaron las murallas
confunden esto con la derrota.

MONOLÍTICO

A Reinel Pérez Ventura

Solo logro ver lo que vieron tus hijos:
la España parida por la Iglesia
y la España parida por España
en los potreros de la historia.
La garganta del caballo atravesada
por la lanza del Quijote y el toro
que mira fijo a su muerte.
El luto de Bernarda y el luto por Lorca.
Los yermos atravesados de trenes
y la soledad de Miguel atravesada de ratas
(la soledad de Miguel, un trigal calcinado).
Los años de Franco y los años de don Antonio Machado,
que se desgranó como un terrón melancólico
por las soledades de Castilla.
La pared de los fusilamientos
que crecía de noche como el odio
y la Residencia de Estudiantes
donde creció una vez la luz hasta hacerse mañana.
Y en la mañana salían fatigados los muertos
y Vallejo les daba una cuchara
para que marcharan a devorar sus propias muertes.
Valencia y Guernica, dos ríos de sangre niña
que corren espantados, haciéndose círculos

alrededor de los monasterios;
girando y cantando
alrededor de los monasterios
como una ronda de ángeles tiznados.
Solo puedo entender lo que entendieron tus hijos:
la capa oscura de León Felipe,
el patio blanco de Juan Ramón;
el espejo de Velázquez
donde nunca logramos vernos.
Tu polvo, tu lentitud, tu frío,
la cruz que te está pesando para siempre.

RÉPLICA

Sigo siendo un exiliado del 27,
un hijo de la ira, que vuelve por su madre
y solo encuentra edificios.
Edificios de largos cuellos y rugosas patas
que devoran la luz como hojas fermentadas.
Dónde quedarán ahora las cárceles
y los muros tatuados por la pólvora:
acaso dentro del cuello y el estómago
de estas bestias cementares.
Dónde echaron tanta ira, tantos casquillos, tantas ratas,
sino en la comida de estas bestias. Aquellas ratas
que fueron royendo como un trozo de pan
la cabeza de Miguel. La tierra
está embarrada de Federico,
los ríos contaminados de Federico
y los edificios hechos con esa tierra
traquean en las noches como las balas
traquearon en el cuerpo de Federico.
Fuentes como pedazos de niños desmembrados;
estudiantes, viudas y toreros picados en trozos
por el cuchillo de las avionetas: ahora sobre ellos
hay anuncios y cafeterías como flores que los abogados podan.
Madrid es una ciudad de más de un millón de edificios,
Madrid respira ventilada a sus edificios.

Ese enfermo ronquido no me deja olvidar.
No me deja volver a mí que nunca partí.
No me deja acostumbrarme otra vez a ver limpias mis manos
porque cuando bajo a las estaciones vuelven los rostros
de los que nunca más pude despedirme y en cada sitio
hay una vieja mujer con alcuza, mirándome.

LA ALEGRÍA

Nunca fue contagiosa y aun así me aislaron.
Me aislaron los doctores y los funcionarios,
los amigos que parecen curas y barberos;
me aislaron para que no perdiera la seriedad.
Yo salgo al ruido que nombran ciudad
y dejo que el ruido suene en mí como en una flauta.
Entonces vienen a sanarme:
te sobra una mano, me dicen auscultándome.
Tienes el fémur puesto al revés.
Traes las uñas mal abotonadas.
Y yo que tan solo traigo una alegría como una gripe
les estornudo mi silencio encima.
Lo otro sería herirlos con una estocada de lengua
pero yo prefiero que se infesten de mí las cosas.
Que los papeles hagan huelga en los escritorios
y se peguen a los rostros serios.
Que la mujer del comedido se le esconda detrás de un juguete.
Que el fingidor y el numérico se confundan enumerando
las rayas de las aceras. Que el taxidermista las confunda
con las de un tigre. Que al hierático se le caiga la cabeza
y ruede ciudad abajo aplastando gente como un boliche.
Que antes de encender los inciensos y los claveles
para que el olor se bese con el olor por la casa

abramos la alegría como una caja de música,
o la estornudemos hasta padecerla.
Y no me quede yo siendo el único contagiado
como fui el niño que se entretiene
lanzándose solo por un tobogán.

LAS MANGUERAS DE AGUA

Serpientes de goma que los hombres han domesticado.
Luego de tragar y soltar agua se enroscan para la
    digestión del vacío.
Son bicéfalas y su único veneno es la alegría.
Habitan en los patios o se cuelgan al limo y las paredes.
La primera que conocí fue domesticada por mi padre.
Estaba en el patio, estirada, quieta, medía cinco miradas mías.
El agua corría dentro de ella como si devorara un elefante.
Pensé que se hincharía como un sombrero, pero solo
    siguió tragando agua.
Mi padre riendo de haber sido mordido, alzó la serpiente
    de goma
como un dios antiguo para que me mordiera:
todo el patio se volvió risa de mi padre,
yo era un sonido saliendo alegre de todas las cosas.
Nunca sané de la alegría y nunca aprendí a domesticar
    serpientes de goma.
Otros las enroscan como un heredado arte,
yo solo sé soltarlas entre las hierbas y el asfalto
mientras les miro esa piel que se parece a la mía bajo
    el sol de la pobreza
y mis manos se vuelven una elegía de lo que han tocado,
del ejemplar aquel que nunca dejó de medir cinco miradas mías:
seguro se enroscó a podrirse bajo algún reguero del patio,

detrás de las hojas que no saben secarse ni florecer.
El día que aparten las hojas y las sombras acumuladas en el patio
la encontrarán abierta en dos por el machetazo del silencio.
Pero será solo su piel antigua lo que encuentren:
ella estará en otro patio devorando el agua
mientras un padre diestro como mi padre la domestica
para que muerda en el pecho a su hijo.

EL VIAJE

Fui socrático por las calles:
con una lámpara entré a las tiendas y los templos
pidiendo una verdad como un abrigo,
solo me hablaron de impuestos.
Creí en las escuelas y les mostré mi frío
pero nada supieron decirme.
Vendían lo mismo que las tiendas y los templos.
Volví y caminé descalzo por la vigilia de unas muchachas,
les pedí desnudo una verdad y no tenían.
Fui por la hojarasca, por las aguas,
entré como un cínico a las oficinas pidiendo una verdad.
Solo me dieron gritos y mercurios.
Fui a un barbero y a un cura: denme una verdad, les dije,
y tres clavos me dieron. Fui a los sicarios y volví
con una bolsa de pastillas. Denme una verdad,
exigí ante los prostíbulos y los casinos y me dieron un fósforo.
Cada noche puse la niebla como una trampa
y cada mañana la recogí idéntica.
Me encerré con mi lámpara a mirar lo que me dieron,
a diferenciar lo pomposo de lo naciente.
Mis mayores salieron cada día con su lámpara al hombro,
separaron los ruidos, enseñaron a hablar a los clavos
    y a los fósforos,
los usaron para soportar el largo invierno de las sociedades,

para que fueran a entibiarse aquellos
que también padecían el mismo frío.
Yo sigo yendo socrático y tembloroso
por las frías calles del pensamiento
porque aún no encuentro una verdad que logre abrigarme.

TOMA DE LAS CIUDADES

La poesía entrará en las espléndidas y no tan
    espléndidas ciudades.
Saqueará las oficinas, le prenderá fuego a la historia,
le entregará armas a las estatuas para que organicen un motín
dentro del lenguaje que a veces es cárcel y lacera.
Te burlarás para no creerme pero la poesía tiene sus ejércitos
acampando en tiendas de neblina, esperando la gran rebelión
porque el ejército de la poesía no envejece solo cambia de armas.
Dentro de las ciudades tenemos espías, generales y soldados
que se juntan en un café o una plaza y reciben órdenes
como se recibe un regalo de cumpleaños.
Es irremediable el triunfo de la palabra sobre la palabra
aunque nos persigan y exilien de las rentas,
aunque nos cacen y nos pongan corbatas,
aunque vuelvan centro comercial las librerías
y el impuesto por vivir lo cobren con antelación
no podrán huir sin dejar una cabeza y aceptar otra.
Se rendirán los comercios y los bancos.
Volverá la luz de sus destierros.
Las cacerolas, los sartenes, los productos del supermercado
flotarán entre nosotros dejando de ser el enemigo
al que ordenan torturarnos y envejecernos.
La tecnología será como una fuerza naval rebelándose.

Temo por las academias cuando una turba de poetas
entre a juzgarlos por los libros que nunca fueron canonizados.
Tú que no le creíste a Rimbaud tampoco me creerás
pero estás condenado a leerme, lo peor es que apenas lo sabes;
ignoras que tus manos volverán a servir de manos
para el delicado lomo de lo vivo y lo transparente,
que las llevarás a aplaudir a los poetas
como hoy aplaudes a los jugadores y los políticos.
Mientras, yo te apunto a la nuca con mis decapitados juguetes,
con macizas pérdidas, con mi dolor y mi suerte te apunto,
te disparo a las piernas y a las manos, a las costillas te disparo
para que salga de ti cuanto sobre y luego retoñes como un Cristo.
No sabrás el día porque para la poesía los perjuicios del tiempo
y las razas del tiempo están abolidas, para la poesía
estamos viviendo desde siempre el mismo día
y todos tenemos la edad que ella tiene.
Tú que nada sabes serás el que levante el trapo del aviso,
el que abrirá las puertas de los bancos y de las academias
para que los ejércitos de la poesía entren victoriosos
a las ciudades y no tan espléndidas ciudades.
Entrarán, tienen que entrar, y tú abrirás las puertas.
Tú que no me lees, tú que sin saberlo eres mi espía,
mi único espía, mi verdadero lector.

EL ACOGEDOR

Algo he aprendido de escuchar a la materia,
ahora me corresponde gritarle al que eres
para que me escuche esperanzado el que serás
y si te burlas de las cosas que arrastra mi canto
el tonto eres tú, tú que convives contigo sin saberlo,
que vas sordo y ciego tropezando con lo que desprecias
y solo el llanto te consuela como un pésimo padre.
Antes la inteligencia era privilegio de pocos,
cereal escaso y oro subterráneo y llave buscada.
Hoy la inteligencia es un insulto, el artista
un adorno de la Corte llamada modernidad
donde tú sigues siendo el que lleva los harapos,
el que empuja su dolor para cambiarlo por harina,
el que se arrodilla y junta las manos que usaste
para apedrear y aplaudir a los cardenales
y con esas manos reclamarle a algún dios
lo que no mereces ni eres digno de merecer.
Pero sé que escucharás de nuevo
el sonido de lo invisible nombrándonos.
Y la palabra del poeta volverá a ser más que profética.
Por ahora nadie nos cree, nadie nos reconoce, nadie se
    nos acerca,
pero yo me conformo con tocarme el pecho y saberlo ahí
esperando el día de ser otra vez el pecho; con ver cómo caen

las ropas de mi mujer hasta ver cómo caerán las dictaduras,
con que crezcan ríos de cerveza entre los tontos y yo
y esperar a que los poetas por venir hagan su destino.
Yo he encontrado a las materias huérfanas y las cosas huérfanas
y no hago más que acogerlas y darles un apellido.

HISTORIA DE LAS MANOS

Tuve la guardia siempre arriba
para que la realidad no pudiera golpearme.
Dentro de mi guardia yo me soñaba invencible
con un triunfo luego de cada golpe.
Aún llevo la guardia arriba pero la realidad
ha aprendido a golpearme por cualquier costado.
Unos golpes terribles que no acaban,
unos golpes dolorosos como el adiós,
unos golpes que no aprendo a esquivar
y desprenden la fe y la alegría.
La realidad me golpea duro sin preguntar.
Solo seguir soñando me evita desplomarme.
Es fácil aconsejar, como si se golpeara
un saco de boxeo. Pero al verme dentro
del enrejado cuadrilátero de mis días
solo soy nervios y golpes y aliento.
Solo somos la realidad y yo,
ella golpeándome por donde quiere
y yo intentando esquivarla
porque golpearla es absurdo.
La realidad mía es un rival enorme
que conoce bien mis movimientos
y sabe anticiparlos con un golpe mejor.

LAS MANOS Y LAS ARMAS

Una caja de regueros bien ordenada parece el poema.

Las armas guardadas en el ático de la memoria,
las manos que se quedaron pequeñas,
todo termina en tu caja de regueros.
La das al mundo como una venta de jardín
y vienen los arreglados a desarreglarla.
Que el ático se quede vacío para más regueros es tu oración.
Que le sirvan tus regueros a los arreglados
y a los desarreglados es tu oración.
Nunca sabrás si fue contestada.
Lo tuyo es recoger hasta que un día,
entre tantos regueros, encuentres por fin la Belleza.

ÍNDICE

Este libro se terminó de editar en Granada
en junio de 2025 por

www.aversopoesia.com
hola@aversopoesia.com